Momentos cruciales/ Individuo y convivencia social

Neu beginnende Fremdsprache

Momentos cruciales/ Individuo y convivencia social

Neu beginnende Fremdsprache

Notas y prólogo de
Silvia Vega Ordóñez

Ernst Klett Sprachen
Stuttgart

34 Beatriz Velardiez Modroño, www.beatrizvelardiez.com; **36** EFE/lafototeca.com (JOSÉ HUESCA), Madrid; **38** EFE/lafototeca.com (Alberto Martín), Madrid; **40** culture-images (GP), Köln

1. Auflage 1 5 4 3 2 | 2018 17 16 15 14

Internetadresse: www.klett.de / www.lektueren.com

Redaktion: Marcelo Rodríguez
Layoutkonzeption: Elmar Feuerbach
Gestaltung und Satz: Satzkasten, Stuttgart
Umschlaggestaltung: Sandra Vrabec
Titelbild: Shutterstock (Giordano Aita), New York
Druck und Bindung: AZ Druck und Datentechnik GmbH, Kempten
Printed in Germany

ISBN 978-3-12-535771-6

9 783125 357716

Índice

Prólogo

Una obra de teatro breve es una punzada que, de repente y en pocas páginas, nos hace sumergirnos en una intensidad de acontecimientos que nos rodean, nos invaden y, en definitiva, nos atrapan. Todo lo que el autor nos quiere transmitir lo tiene que hacer con un número limitado de caracteres, aunque, en muchos casos, la historia continúe en la imaginación del que lo lee porque es demasiado corta para poder librarse de ella en tan breve espacio, de tiempo y de palabras. De esta forma, el relato sigue creciendo fuera del papel. Y esto precisamente, es lo que nos va a suceder con cada una de las piezas que en esta antología se presentan.

Los momentos cruciales en nuestra vida pueden, seguramente, contarse con los dedos de la mano. Si nos paramos a pensar puede que, a estos importantes sucesos, los resumamos en tan solo un instante. Y en todo caso, hayan sido más breves que un simple cuento.

Gracias a esta antología de escogidas obras breves, en la que se describen impactantes momentos vitales de sus protagonistas, podemos revivir intensas vivencias propias y ajenas. Y estas últimas hacerlas nuestras, poniéndonos en la piel del personaje, aprendiendo a pensar como él, y apropiándonos de su alma por el espacio de tiempo que la unas páginas nos regalan.

En esta muy breve antología de miniobras de teatro y un cuento se ha conseguido combinar la risa con el llanto, la tristeza con la alegría y el humor con la ironía. En todos y cada uno de estos breves retazos de historia existe una buena pluma que permite al lector deslizarse en las vidas de los personajes de esta deliciosa selección. Al avanzar en la lectura, cada palabra se agarra, se deja saborear y deja al final un muy buen sabor de boca y, cómo no, ganas de más.

Silvia Vega Ordóñez

Javier Tomeo

Historias mínimas XXXII

Departamento de vagón de ferrocarril. HOMBRE *a la derecha y* MUJER *a la izquierda. El* HOMBRE, *que finge leer un periódico, lanza ávidas miradas a las piernas de la* MUJER. *En un momento determinado, dobla el periódico, lo deja a un lado, cruza los brazos y suspira.*

HOMBRE.—No puedo evitarlo, señorita, pero debo decirle que su presencia me enerva.

MUJER.—*(Sorprendida).* ¿Qué es lo que dice usted?

HOMBRE.—Quiero decir que su proximidad me pone nervioso.

MUJER.—¿Y eso, por qué?

HOMBRE.—Usted, señorita, pertenece a esa categoría de mujeres que no pueden verse sin ser deseadas.

MUJER.—¡Vaya ocurrencia!

HOMBRE.—Usted pone a prueba todos mis buenos principios.

MUJER.—Lo que usted dice se merecería una dura reprimenda. Es inconcebible que todavía queden hombres de su ralea. ¿Piensa, acaso, que las mujeres somos como manzanas? ¿Cree que podemos ser deseadas y cogidas, sin más problemas que alargar el brazo?

HOMBRE.—Yo no le he dicho nada de eso, señorita.

MUJER.—Como si lo hubiese dicho. He conocido a otros hombres como usted.

2 **XXXII** 32 – 3 **un ferrocarril** tren – 4 **fingir** simular – 5 **lanzar** enviar, mandar – 5 **ávido** ansioso, con ganas (gierig) – 6 **doblar** unir uc haciéndolo más pequeña – 7 **suspirar** liberar aire con sonido (seufzen) – 8 **evitar uc** vermeiden – 10 **sorprendido** con sorpresa – 14 **pertenecer** formar parte de uc – 16 **Vaya** *interj* expresa desagrado o sorpresa – 16 **una ocurrencia** idea – 19 **merecerse** ganarse – 19 **una reprimenda** regañina (Schelte) – 20 **inconcebible** increíble, impensable – 20 **quedar** *aquí:* haber – 20 **la ralea** *despect* condición, categoría, clase – 21 **acaso** quizá, tal vez – 23 **alargar** estirar, desdoblar (→ largo)

HOMBRE.—Sabrá, entonces, que tengo a todas las mujeres en la más alta consideración.

MUJER.—Permítame que lo ponga en duda. La verdad es que, desde el primer instante que le vi, me sentí incomodada por su mirada de fauno.

HOMBRE.—¿Piensa usted, de verdad, que tengo mirada de fauno? ¿Está usted segura?

MUJER.—Mírese en un espejo, señor. Tiene usted la clase de mirada que ha atormentado mis peores pesadillas.

HOMBRE.—(*Comprendiendo, por fin, que todos sus intentos de seducción van a ser infructuosos*). *En ese caso, señorita, creo que será mejor que me cambie de departamento.*

Lanza a la MUJER *una torpe sonrisa, recoge el maletín y sale al pasillo. Su gesto, sin embargo, resulta inútil, porque su mirada, como el rastro plateado que va dejando un caracol, se quedó en el departamento trazando todavía obscenos arabescos sobre las pantorrillas de la* MUJER.

2 **tener a up en alta consideración** respetar a up – 3 **poner uc en duda** dudar (zweifeln) – 5 **una mirada de fauno** lüsterner Blick – 9 **atormentar** torturar, angustiar (foltern) – 9 **una pesadilla** mal sueño – 11 **la seducción** juego para atraer a up con fines sexuales – 11 **infructuoso** sin resultado – 12 **cambiar** ir a otro lugar – 13 **torpe** sin gracia, con dificultad – 13 **recoger** coger uc de un lugar – 13 **un maletín** pequeña maleta para llevar *p ej* documentos – 15 **un rastro** huella (Spur) – 15 **plateado** de color *plata* (Silber) – 15 **un caracol** Schnecke – 16 **trazar** marcar – 17 **un arabesco** dibujo de adorno – 17 **una pantorrilla** parte inferior de la pierna (Wade)

Paloma Pedrero

Solos esta noche

Personajes
CARMEN, funcionario del Estado
JOSÉ, obrero en paro

Estación de metro. No hay nadie en el andén. Entra CARMEN. *Es una mujer de treinta y bastantes años. Va vestida de forma elegante pero muy convencional. Pelo de peluquería y uñas largas y pintadas.* CARMEN, *con cierta inquietud, se sienta en un banco y espera. Al poco, aparece* JOSÉ. *Es un joven moreno de piel y musculoso.* CARMEN, *al verlo, disimula un sobresalto. El joven se sienta en otro banco y enciende un cigarro. Mira a* CARMEN. CARMEN *pasea nerviosa por el andén. Después de un momento, el joven comienza a acercarse a la mujer.* CARMEN, *asustada, se agarra el bolso y se dirige hacia la salida. El joven la llama con un «Eh, oye...».* CARMEN *se para en seco.* JOSÉ *llega hasta ella.*

CARMEN.—*(Muy asustada. Hablando muy deprisa).* No tengo nada. Me he metido en el metro porque me he quedado sin dinero. Ni un duro, te lo juro... Toma, *(Le da el bolso).* puedes quedarte con él. El reloj es caro. Toma, puedes venderlo... Los anillos... ¡No puedo sacármelos! Por favor, los dedos no. No me cortes los dedos...

JOSÉ.—*(Interrumpiéndola perplejo).* Pero, ¿qué dices? ¿qué te pasa? ¿te he pedido yo algo?

CARMEN.—¿Qué quieres? ¿Qué quieres de mí?

4 **un funcionario** up que trabaja para el Estado – 5 **un obrero** trabajador de la construcción – 5 **en paro** sin trabajo – 6 **un andén** Bahnsteig – 8 **una uña** Fingernagel – 9 **cierto** un poco de – 11 **disimular** no mostrar o dejar ver uc – 11 **un sobresalto** susto – 12 **encender** anzünden – 15 **asustado** con miedo – 15 **agarrar** sujetar, coger con fuerza – 16 **en seco** de golpe, de repente – 20 **ni un duro** *coloq* sin dinero – 20 **un duro** moneda de 5 pesetas – 20 **jurar** schwören – 21 **quedarse** conservar, tener (behalten) – 22 **un anillo** Ring – 22 **sacar uc** quitar (ausziehen)

JOSÉ.—Joder, qué miedo llevas encima, ¿no? ¿Tengo tan mala pinta?

CARMEN.—No, no, es que... Es muy tarde. No estoy acostumbrada a estar sola a estas horas... No cojo nunca el metro.

JOSÉ.—Ya. A estas horas estás en tu casa viendo la televisión. Toma tus cosas, y relájate. (CARMEN *asiente*). Tranqui, ¿eh? Tranqui...

(*Vuelve al banco y se sienta*).

CARMEN.—¿Qué querías?

JOSÉ.—Te iba a preguntar que si llevas mucho tiempo esperando.

CARMEN.—Sí, bastante. Me dijeron que tenía que pasar el último metro...

JOSÉ.—El último suele tardar. *(Mira el reloj)*. Aunque ya tenía que haber llegado.

CARMEN.—*(Mirando hacia el túnel)*. Creo que ya viene.

JOSÉ.—(Después de un momento). Yo no lo oigo.

CARMEN.—No, yo tampoco.

JOSÉ.—Bueno, habrá que esperar. *(Saca un bocadillo)*. ¿Quieres?

CARMEN.—*(Sin mirarle)*. No fumo, gracias.

(CARMEN *pasea nerviosa por el andén*).

JOSÉ.—Estate quieta, chica, es que me estás mareando. ¿Tienes hambre?

CARMEN.—No, gracias.

JOSÉ.—Es de jamón. (CARMEN *sigue paseando sin hacerle caso*). *Oye, que es de jamón.*

1 **joder** *interj vulg* expresa sorpresa – 1 **llevar encima** tener consigo – 2 **una pinta** aspecto físico – 7 **asentir** decir sí con la cabeza – 7 **tranqui** *coloq* tranquilo – 15 **soler (ue)** hacer uc normalmente – 15 **tardar** llegar tarde – 24 **estarse quieto** dejar de moverse – 24 **marear** sentirse mal por el movimiento (del mar) – 27 **hacer caso a up** *loc* prestar atención, escuchar, ≠ ignorar

CARMEN.—¿Y qué?
JOSÉ.—Que es de jamón. ¿No quieres un cacho?
CARMEN.—No, de verdad, gracias. He cenado hace un rato.

(*Sigue paseando cada vez más nerviosa*).

JOSÉ.—¿En un restaurán?
CARMEN.—¿Cómo?
JOSÉ.—¿Que si has cenado en un restaurán?
CARMEN.—Sí.
JOSÉ.—¿Sola?
CARMEN.—Se está retrasando demasiado.
JOSÉ.—¿Eh?
CARMEN.—El metro. No es normal que un metro tarde tanto.
JOSÉ.—El último sí. A veces tarda mucho. ¿Por qué no te sientas?
CARMEN.—No, gracias, prefiero estar de pie.
JOSÉ.—Tú misma.
CARMEN.—Gracias.
JOSÉ.—¿Por qué?
CARMEN.—¿Por qué qué?
JOSÉ.—¿Que por qué me das tanto las gracias? No lo entiendo.
CARMEN.—Ah, no sé... *(Alejándose)*. ¡Dios mío lo que tarda...!
JOSÉ.—*(Levantando la voz)*. ¿Y has cenado sola en el restaurán?
CARMEN.—No.
JOSÉ.—¿Con tu novio?
CARMEN.—¡Dios mío, este metro no llega nunca!
JOSÉ.—Pues por aquí no se ve un alma. Lo mismo se ha averiado y está colgao en el túnel.
CARMEN.—Espero que no.
JOSÉ.—¿Tienes que madrugar mañana?

2 **un cacho** *coloq* trozo, pedazo – 3 **un rato** periodo corto de tiempo – 5 **un restaurán** *vulg* restaurante – 10 **retrasarse** tardar – 21 **alejarse** irse lejos, separarse – 27 **un alma** *f aquí:* persona – 27 **averiarse** estropearse, no funcionar – 28 **colgao** colgado, *aquí:* parado, sin poder moverse – 30 **madrugar** levantarse temprano

CARMEN.—*(Enfrentándole asustada).* ¿Por qué dices eso?

JOSÉ.—¿Digo el qué?

CARMEN.—¿Por qué me preguntas que si tengo que madrugar mañana?

JOSÉ.—Joder, ni que te hubiera preguntado la talla del sostén.

CARMEN.—¡Ah! Me voy.

JOSÉ.—No seas estrecha, mujer, que era una broma. Te lo preguntaba por si currabas. ¿Curras o no?

CARMEN.—Sí. ¿Por qué?

JOSÉ.—Yo cuando curro me acuesto pronto para rendir. Ahora estoy en paro. Mira. *(Se quita la cazadora* y se *abre la camisa.* CARMEN *grita).* ¿Qué te pasa?

CARMEN.—¿Qué haces?

JOSÉ.—Que te voy a enseñar la cicatriz. Mira, una viga que se desprendió y me cayó encima. Casi me destroza el tatuaje. *(*CARMEN *no sabe dónde meterse.* JOSÉ, *tranquilamente, sigue hablando).* Con el "toras" que yo tenía de película, ahora marcao. Ya ves, ni guapos nos dejan ser a los cabrones. Es una cosa que siempre he pensado, lo guapa que es la gente de pelas. Y no es la ropa cara, ni el pelo tan brillante, ni las alhajas... No, es la piel. Es la puta piel que se hace distinta. Oye, por cierto, tú tienes una piel tela de fina. ¿Qué haces tú en una alcantarilla a estas horas?

CARMEN.—Me voy. Este metro no viene. Intentaré coger un taxi.

JOSÉ.—¿Pero no decías que no tenías pelas?

1 **enfrentar a uc** hacer frente (gegenüberstehen) – 5 **un sostén** sujetador (BH) – 7 **estrecho** reprimido sexual y moralmente – 7 **una broma** uc divertido, para reírse – 8 **currar** *Esp coloq* trabajar – 10 **rendir** producir, trabajar al máximo – 11 **quitar** sacarse, desvestirse – 11 **una cazadora** *Esp* chaqueta – 14 **una cicatriz** marca de una herida (Narbe) – 14 **una viga** barra (Balken) – 15 **desprenderse** liberarse de un lugar fijo – 15 **destrozar** arruinar, romper, detruir – 16 **meterse** *aquí:* guardarse, esconderse (verstecken) – 17 **un toras** *vulg* tórax – 17 **de película** perfecto, admirable – 18 **marcado** con marcas – 19 **un cabrón** *vulg* mala persona – 20 **las pelas** *Esp pl coloq* dinero – 21 **una alhaja** joya (Schmuck) – 21 **puto** ADJ califica negativamente uc (verdammt) – 22 **tela** (de) *Esp* ADV *coloq* muy, mucho – 23 **una alcantarilla** canal de aguas sucias bajo tierra *aquí:* metro

CARMEN.—No tengo aquí. Lo pagaré en casa. Eso es lo que tenía que haber hecho desde el principio. Sí, me voy. Adiós.
JOSÉ.—Bueno, mujer, adiós.

(CARMEN *sale a toda prisa.* JOSÉ *termina su bocadillo. Saca una botellita de alcohol y da un trago. Mira hacia dentro del túnel. Enciende otro cigarro. Aparece* CARMEN *histérica).*

CARMEN.—¡Está cerrado! ¡Están cerradas las puertas de la calle!
JOSÉ.—No jodas...
CARMEN.—¡Y no hay nadie! ¡Nadie! ¡Ni una taquillera, ni un guardia, ni un solo empleado! ¡No hay nadie!
JOSÉ.—Tranquilízate. Vamos, tranquila, mujer. Tiene que pasar el último metro.
CARMEN.—*(Aterrada).* ¿Y si no hay último metro? ¿Y si el último ha pasado ya?
JOSÉ.—Entonces no nos habrían dejado entrar.
CARMEN.—¿Y si se han equivocado? ¿Y si nos han dejado entrar por un error y no pasa ningún metro más?
JOSÉ.—*(Después de un momento).* Bueno, por lo menos aquí no pasaremos frío.
CARMEN.—No digas eso ni en broma. ¡Dios mío, no puede ser! ¡Esto es una pesadilla! Por favor, vete tú a ver si encuentras a alguien. Vamos los dos.
JOSÉ.—Y si mientras pasa el metro qué.
CARMEN.—Vete tú, yo esperaré.
JOSÉ.—Ya, y si viene me quedo yo aquí solo.
CARMEN.—Les diré que te esperen. ¡Por favor! ¡Por favor, te lo suplico!

5 **un trago** Schluck – 9 **no jodas** *interj vulg* ¡no fastidies!, ¡qué dices! – 10 **un taquillero** up que vende billetes – 11 **un guardia** policía o agente de seguridad – 11 **un empleado** trabajador – 14 **aterrado** con mucho miedo – 17 **equivocarse** fallar, hacer un error – 28 **suplicar** pedir uc con fuerza

JOSÉ.—Eh, eh, vamos, tranquilízate, no nos han podido dejar aquí encerrados. Esperaremos unos minutos más, si no llega el tren iré a buscar a alguien.

CARMEN.—*(Medio llorando).* No hay nadie. Yo he visto que no había nadie. *(Grita).* ¡Oigan! ¡Oigan! ¡¿Hay alguien por aquí?! ¡¿Hay alguien?!

JOSÉ.—Cálmate, mujer. Como haya alguien, va a salir corriendo.

CARMEN.—¡No viene el metro! ¿No lo ves? ¡No queda ningún metro!

JOSÉ.—Está bien, voy a ver qué pasa.

CARMEN—Voy contigo.

JOSÉ.—(Le agarra la mano con naturalidad). Vamos.

CARMEN.—(Soltándose con miedo y asco). Yo me quedo.

JOSÉ.—Sí, mejor espera aquí por si las moscas... *(*JOSÉ *va a salir.* CARMEN *le sigue).* ¿Qué haces?

CARMEN.—Que... mejor voy contigo.

JOSÉ.—Es mejor que te quedes por si llega. Se ha podido averiar en el túnel y... podría llegar retrasado.

CARMEN.—*(Duda).* Bueno, pero no tardes, por favor.

JOSÉ.—*(Da un trago* y *le pasa la botella).* Toma, da un trago, esto calma los nervios. Ahora vuelvo.

(*Sale.* CARMEN *se queda sola. Mira la botella pero no se decide a beber. Después saca un pañuelo de su bolso, limpia la botella con ahínco y bebe).*

CARMEN.—*(Hablando hacia dentro del túnel).* ¿Hay alguien por ahí? ¡Por favor! ¿Puede oírme alguien? ¡Estoy aquí! ¡Estoy aquí!

(*Entra* JOSÉ*).*

2 **encerrado** que no puede salir (→ cerrar) – 7 **calmarse** tranquilizarse – 14 **soltarse** liberarse – 14 **el asco** Ekel – 15 **por si las moscas** *loc coloq* por lo que pueda pasar – 25 **ahínco** efectividad, con ganas

JOSÉ.—Aquí no hay ni Dios.

CARMEN.—*(Llorando).* Tengo que llegar a mi casa. Quiero llegar a mi casa...

JOSÉ.—No llores... Toma, bebe otro trago.

CARMEN.—No, yo no bebo. ¡Un teléfono! ¿No hay por aquí un teléfono?

JOSÉ.—*(Negando).* Lo único que he visto es una máquina de chocolatinas. Toma, he sacado dos.

CARMEN.—Ese chocolate está rancio.

JOSÉ.—*(Con actitud cada vez más segura).* Si vamos a pasar aquí la noche será mejor que cojamos calorías.

CARMEN.—No puede ser. No nos pueden dejar aquí encerrados toda la noche. Es imposible.

JOSÉ.—Cosas más raras he vivido yo.

(Le tira la chocolatina).

CARMEN.—*(Intentando calmarse).* ¿Qué hacemos?

JOSÉ.—De momento fumarnos un cigarro.

CARMEN.—No, yo no fumo. Yo quiero salir de aquí.

JOSÉ.—Espera, déjame pensar. *(Piensa).* Lo único que se me ocurre es coger el túnel e intentar llegar hasta la otra estación. Es más importante que ésta y...

CARMEN.—¿Estás loco?

JOSÉ.—Es la única solución.

CARMEN.—No, los túneles están llenos de ratas así de grandes. Por la noche salen para vivir. Nos chocaríamos con ellas. Nos morderían las piernas...

JOSÉ.—¡Eh, para el carro! Las ratas cuando pasan los hombres se apartan.

1 **ni Dios** *coloq* nadie – 8 **una chocolatina** *Esp* trocito delgado de chocolate – 9 **rancio** ≠ fresco, viejo – 10 **la actitud** forma de actuar – 14 **raro** extraño – 15 **tirar** lanzar, dar (werfen) – 20 **ocurrírsele uc a up** tener una idea – 25 **chocarse con uc** tropezar (zusammenstoßen) – 26 **morder** beißen – 27 **¡para el carro!** *coloq* alto, relájate – 28 **apartarse** ponerse a un lado, alejarse

CARMEN.—*(Señalando el túnel).* Pero es que esa es su casa. ¿No te das cuenta?
JOSÉ.—No hay otro remedio. O darnos el paseo o dormir aquí.
CARMEN.—¡Vamos!
JOSÉ.—Vamos.

(*Se acercan hacia la vía.* CARMEN *mira hacia abajo con terror).*

CARMEN.—No puedo saltar. Está muy alto.
JOSÉ.—Salto yo y te cojo.
CARMEN.—Peso mucho.
JOSÉ.—(En un alarde de fuerza la levanta en brazos). Podría saltar hasta contigo encima.
CARMEN.—*(Pataleando).* No, no. Suéltame.
JOSÉ.—¿Pero tú de qué vas? ¿Quieres salir de aquí o no?
CARMEN.—Sí.
JOSÉ.—Pues venga.
CARMEN.—¿Y los tacones? Yo no puedo andar por ahí con estos tacones.
JOSÉ.—Quítatelos.
CARMEN.—¿Descalza? ¡Qué horror...! Me morderían los pies...
JOSÉ.—Oye, ¿qué te pasa?
CARMEN.—*(Después de una pausa).* Me da miedo. Pánico.
JOSÉ.—Está bien. Iré yo solo. A mí no me da miedo. Conozco bien las alcantarillas y la mierda. Tú espera aquí. Volveré a buscarte.

(*Cuando va a saltar,* CARMEN *le detiene).*

CARMEN.—Oye.
JOSÉ.—¿Qué quieres?
CARMEN.—¿Cómo te llamas?

2 **darse cuenta de uc** *coloq* comprender, entender – 3 **un remedio** *aquí:* opción, alternativa – 6 **una vía** Schiene – 6 **el terror** mucho miedo – 9 **pesar** wiegen – 10 **un alarde** demostración – 12 **patalear** dar golpes con los pies – 13 **¡De qué vas!** *coloq* ¡quién te crees que eres! – 15 **Venga** *Esp interj* vamos – 16 **un tacón** pieza para levantar zapato (Absatz) – 19 **descalzo** sin zapatos – 25 **detener** parar, no dejar irse

JOSÉ.—José, ¿y tú?

CARMEN.—Carmen.

JOSÉ.—Hasta pronto, Carmen.

CARMEN.—*(Le agarra).* José, ¿y si llegas a la otra estación y está también cerrada?

JOSÉ.—La siguiente estación es más importante. Tiene oficina, creo.

CARMEN.—¿Y si tampoco hay nadie?

JOSÉ.—No perdemos nada.

CARMEN.—Sí. Nos quedamos separados cada uno en una estación.

JOSÉ.—*(Después de una pausa).* Escucha, Carmen, si no hay nadie allí, volveré para estar contigo.

CARMEN.—Eres muy... amable. Gracias.

JOSÉ.—*(Dándole un cachete cariñoso).* Será un placer. ¡Hostias!

CARMEN.—¿Qué pasa?

JOSÉ.—¡Soy un genio! ¡Un genio! Esto de llevar la casa encima tiene sus ventajas. Tengo una linternilla en el macuto.

CARMEN.—¡Bien! Así llegarás antes.

(JOSÉ *abre el macuto y saca la linterna).*

JOSÉ.—Toma, quédate la botella y el tabaco. Si te pones nerviosa te fumas uno.

CARMEN.—Pero si nunca he fumado...

JOSÉ.—Tampoco te has quedado nunca encerrada en una estación de metro, ¿o sí? Tú aquí, tranquilita, sentadita, que te pones nerviosa un trago y unas caladas. Que aparece alguien vais a rescatarme, ¿de acuerdo?

(JOSÉ *va a saltar).*

15 **un cachete** golpecito en la cara – 15 **cariñoso** dulce, amoroso – 15 **¡Hostias!** *Esp interj vulg* expresa sorpresa, asombro – 18 **una linternilla** *linterna* (Taschenlampe) pequeña – 18 **un macuto** mochila – 25 **sentadito** *dim* sentado (como se habla a los niños) – 26 **una calada** *Esp* pitada, aspiración al fumar (Zug) – 27 **rescatar a up** salvar, ir a buscar

CARMEN.—José! (JOSÉ *la mira*). ¿Y si aparece gente en las dos estaciones y nos sacan a cada uno por una puerta?

JOSÉ.—¿Qué?

CARMEN.—No, nada, qué tontería...

JOSÉ.—Tontería, ¿el qué?

CARMEN.—*(Ruborizada)*. Que... que me quedaré con tu botella y tu tabaco.

JOSÉ.—*(Sonríe)*. Disfrútalos. *(Va a saltar, pero se da la vuelta)*. Yo no tengo teléfono. ¿Me das el tuyo por si acaso?

CARMEN.—Sí.

(Saca una tarjeta de su bolso).

JOSÉ.—*(Leyéndola)*. Joder, qué mujer más importante. Jefa de sección del departamento de Documentación Bibliográfica del Ministerio de Cultura. ¿Qué es esto?

CARMEN.—Una oficina llena de papeles y corbatas.

JOSÉ.—En fin, señora, me voy.

CARMEN.—No tardes. *(En el momento que* JOSÉ *salta se apagan las luces del andén)*. ¡Han apagado la luz! ¡Oigan! ¿Hay alguien? ¡Socorro! ¡Socorro! ¡Estamos aquí! ¡Estamos aquí!

JOSÉ.—*(Que ha vuelto a subir)*. No te esfuerces, estas luces funcionan automáticamente. Ven, siéntate en el banco y espérame. Tengo que llegar rápidamente.

CARMEN.—José, no te vayas. No me dejes aquí sola.

JOSÉ.—Pero...

CARMEN.—Dame la mano, por favor. Tengo miedo. Quédate aquí conmigo.

JOSÉ.—Pero aquí no va a venir nadie hasta mañana.

CARMEN.—No, no me sueltes por favor.

JOSÉ.—Eh, no tiembles así. Vamos, no va a pasar nada. Estoy yo aquí contigo. Toma, fuma. (JOSÉ *se sienta a su lado y le enciende un cigarro. Se enciende otro para él.* CARMEN

4 **una tontería** → tonto – 6 **ruborizado** con las *mejillas* (Wangen) rojas – 9 **por si acaso** *loc* für alle Fälle – 18 **apagarse** ≠ encenderse – 19 **socorro** grito de ayuda (Hilfe) – 21 **esforzarse** molestarse – 30 **temblar** zittern

fuma. JOSÉ *la alumbra con la linterna). ¿A que divierte el humo?*

CARMEN.—Yo ya no sé nada. No sé nada...

JOSÉ.—Pero deja ya de temblar, chica. *(La abraza).* Si no te va a pasar nada. ¿No ves que estoy yo aquí?

CARMEN.—Eres... eres muy valiente.

JOSÉ.—Por cosas peores he pasado yo. Qué digo peores, si esto es como quedarse encerrado en un castillo con una princesa.

CARMEN.—Qué pensará mi marido cuando no aparezca esta noche...

JOSÉ.—¿También tienes marido? ¡Joder, tienes de todo!

CARMEN.—Seguro que pensará que estoy por ahí con un amante...

JOSÉ.—¡¿También tienes amantes?!

CARMEN.—¡No! ¡Nunca! Nunca he tenido un amante. *(Pausa).* Tampoco he dejado nunca de ir a dormir a casa. ¿Y tú tienes novia?

JOSÉ.—¡Qué dices! A un parado no le quiere nadie. Tuve una muy maja, así morenita como tú, pero cuando me quedé en la calle se lió con un gilipollas con futuro.

CARMEN.—¿Con futuro?

JOSÉ.—Sí, estaba estudiando una carrera.

CARMEN.—Menudo futuro.

JOSÉ.—Eso digo yo. Yo sé que el futuro no está en el puto dinero. Aunque todo el mundo diga lo contrario yo sé que el futuro no está en el dinero.

CARMEN.—¿Tú sabes dónde está?

JOSÉ.—Mira, Carmen, aunque suene raro... Yo pienso que el futuro... está en el amor, en que la gente se quiera.

1 **alumbrar** iluminar – 1 **divertir** ≠ aburrir – 2 **el humo** Rauch – 4 **abrazar** → abrazo – 6 **valiente** ≠ *cobarde* (Feigling) – 14 **un amante** Liebhaber – 19 **un parado** *Esp* up que no tiene trabajo – 20 **majo** *Esp* agradable, simpático – 20 **quedarse en la calle** *coloq* perder el trabajo – 21 **liarse con up** *Esp coloq* tener una relación sexual con up – 21 **un gilipollas** *Esp vulg* insulto, Mistkerl – 24 **menudo** vaya – 29 **sonar** *aquí:* parecer

CARMEN.—*(Hablando muy deprisa)*. Estoy de acuerdo contigo, José, totalmente de acuerdo. El dinero hace a los hombres cobardes, obsesivos, aburridos, gordos, gordos... gordos. ¡Ay, Dios mío, ya no sé lo que digo!

JOSÉ.—*(Riéndose)*. ¿Es gordo tu marido?

CARMEN.—Chist, calla. Es... es que me pones nerviosa.

JOSÉ.—¿Yo?

CARMEN.—Estás tan cerca... No, ni se te ocurra alejarte.

JOSÉ.—*(Acercándose más)*. Ni se me ocurre, princesa.

CARMEN.—¿Puedo verte el tatuaje?

JOSÉ.—Claro.

(*Se desabrocha la camisa:* CARMEN *lo alumbra con la linterna)*.

CARMEN.—Qué mariposa más bonita...

JOSÉ.—Pues si la tocas mueve las alas...

CARMEN.—*(Tocándola)*. Qué bonita, parece de verdad, con sus antenitas y todo... y sus patitas... y sus ojitos... y su... ¡Abrázame!

JOSÉ.—*(Abrazándola)*. ¿Sigues teniendo frío?

CARMEN.—Qué pecho más fuerte... Qué brazos más fuertes... Ay, Dios mío...

JOSÉ.—(*Rodeándola con fuerza)*. Y todo para ti.

CARMEN.—Apaga la linterna.

JOSÉ.—¿Ya no tienes miedo?

CARMEN.—¿Miedo, con esta muralla...? Apaga la linterna.

JOSÉ.—¿Y si llega el tren?

CARMEN.—Que pase. Que pase.

(JOSÉ *apaga la linterna. En el oscuro se oyen besos y susurros...*).

3 **obsesivo** maniático – 6 **callar** ≠ hablar – 12 **desabrocharse** abrirse – 14 **una mariposa** insecto (Schmetterling) – 15 **un ala** *f* Flügel – 17 **una patita** *dim* pata – 20 **un pecho** tórax (Brust) – 22 **rodear** poner alrededor – 25 **una muralla** muro – 29 **un susurro** ruido al hablar en voz baja

José Alonso de Santos

Sinceridad

Personajes
ISABEL
CARMEN

Terraza de un bar. Una mujer elegante, sentada, toma un café. Sobre la mesa, muy visible, una revista «Vogue». Llega otra mujer también muy elegante y sofisticada, con otra revista «Vogue» en las manos, y se acerca.

ISABEL.—¿Carmen? ¿Eres tú?

CARMEN.—Y tú Isabel, supongo. Hola, ¿cómo estás? Encantada.

(CARMEN *se levanta, y se dan un beso protocolario y distante. Se sientan las dos).*

CARMEN.—¿Quieres tomar algo?

ISABEL.—No, gracias, sólo puedo estar un momento. Tengo mucha prisa. No sabía si iba a conocerte cuando nos citamos por teléfono, por eso te dije lo de Vogue. *(Le muestra la revista que trae en sus manos).* Te creí más alta.

CARMEN.—Yo tampoco te imaginaba así. Me sorprende que Alfredo tenga gustos tan diferentes. ¿Quieres fumar?

ISABEL.—No, no, gracias, no fumo. Desde luego no nos parecemos mucho. *(Pausa).* Bueno, pues ya estoy aquí. Tú me dirás para qué tienes tanto interés en verme.

CARMEN.—Creí que sería importante que nos conociéramos y habláramos. A lo mejor me he equivocado, pero pensé que sería bueno para las dos. Me has dicho antes por teléfono que sabías desde hace tiempo lo mío y de Alfredo...

7 **visible** que se ve claramente – 8 **sofisticado** elegante, refinado – 18 **citarse** encontrarse (→ cita) – 20 **imaginarse** tener una idea anterior de uc

ISABEL.—Sí. Desde hace más de un año sé que mi marido se acuesta contigo.

CARMEN.—Dicho así suena un poco fuerte.

ISABEL.—Es un poco fuerte. Pero en fin, no te asustes, que no voy a hacerte ninguna escena de mujer celosa defendiendo ante la amante la posesión de su hombre.

CARMEN.—Me da la impresión de que esta conversación no va a ser fácil...

ISABEL.—He venido porque me muero de ganas de saber lo que tienes que decirme. Me imagino que no será que me separe de él para quedártelo, porque tú estás casada...

CARMEN.—No, no. Yo estoy bien así. Perdona que te sea franca, pero es verdad. No sé cómo, pero hemos conseguido un difícil equilibrio entre los tres. Bueno, gracias a tu comprensión, también es verdad. El caso es que ahora ha surgido un problema que amenaza con romper nuestra situación. Hay otra.

ISABEL.—¿Otra? ¿Que Alfredo tiene otra amante, aparte de ti?

CARMEN.—Sí, me he enterado hace unos días. Es una nueva secretaria de su trabajo. Muy guapa, soltera...

ISABEL.—Ah, pues de eso no sabía nada. ¿Y para qué me lo dices a mí?

CARMEN.—Porque quiero que me ayudes a recuperarlo; vamos, a que siga siendo para las dos, como antes. No sé qué hacer... Contigo no tenía celos, la verdad. Eres su mujer. Pero ella...

ISABEL.—Esto sí que tiene gracia. Lo siento, pero eso es cosa tuya. ¿Qué voy a hacer yo? Es normal que el marido cambie a la amante de vez en cuando. Que tú me pidas que te ayude en eso es un poco sorprendente, ¿no crees?

2 **acostarse** tener relaciones sexuales – 5 **celoso** up que tiene celos (eifersüchtig) – 6 **ante** delante de – 7 **dar la impresión** tener la sensación – 9 **morirse de ganas de uc** tener muchas ganas de uc – 13 **franco** sincero – 15 **surgir** aparecer, conocerse – 16 **amenazar** hacer peligrar – 18 **aparte** además de – 19 **enterarse de uc** saber, conocer uc nueva – 23 **recuperar** volver a tener uc perdida – 30 **sorprendente** que sorprende

CARMEN.—Perdona, pero es que a ti también te interesa. Sabes que lo mío con él no tenía demasiado peligro, que yo estaba casada, que no iba a intentar quitártelo. Pero ella... es soltera, como te he dicho. Pensé que a ti eso te preocuparía.

ISABEL.—Si te digo la verdad, en este momento lo que haga mi marido o deje de hacer, me tiene sin cuidado. Estoy perdidamente enamorada de otro, y cuanto más entretenido esté Alfredo y menos se ocupe de mí, mejor.

CARMEN.—No sabía que tú...

ISABEL.—¿Creías que era la pobre infeliz esposa que lloraba noche tras noche la ausencia del marido? Eso pasó al principio. Y lo pasé muy mal. Pero luego reaccioné, y me decidí a buscar otro hombre. Y lo encontré. El hombre perfecto, el amante ideal, el ser más dulce, amable y encantador que he conocido en mi vida: tu marido.

CARMEN.—*(Se pone en pie bruscamente)*. ¿Fernando?

ISABEL.—Sí, Fernando.

CARMEN.—*(Sentándose)*. No me lo puedo creer.

ISABEL.—Pues créetelo, porque es verdad. Estoy con él desde hace unos cuantos meses. Alfredo es muy despistado y le he pillado montones de datos tuyos, así que no me fue difícil conocer tu identidad. El resto fue fácil: buscar a tu marido y conquistarle. Las mujeres podemos hacer esas cosas cuando queremos ¿no? No es una venganza, te lo aseguro. Bueno, al principio tal vez hubo algo de eso, pero luego ya no. *(Pausa)*. Como ves, no puedo ayudarte con lo de mi marido. Eso es cosa tuya. A mí ahora lo único que me preocupa es conservar al tuyo.

CARMEN.—¡Dios mío! ¿Y Fernando sabe lo mío con...?

ISABEL.—Sí. Lo sabe. Ya se lo dije. Un poco de sinceridad de vez en cuando nunca viene mal.

7 **tener uc sin cuidado a up** darle uc igual – 8 **perdido** *aquí:* loco, sin control – 9 **entretenido** ocupado, con uc que hacer – 9 **ocuparse** prestar atención – 12 **la ausencia** ≠ presencia – 16 **encantador** agradable, majo – 21 **despistado** distraído, que no sabe lo que pasa alrededor – 22 **pillar** coger, encontrar – 22 **un montón** mucho de uc – 24 **conquistar a up** enamorar a up – 25 **una venganza** Rache

CARMEN.—¿Por qué tuviste que hacer una cosa así? ¡Qué desastre, Dios mío!

ISABEL.—Fuiste tú la que lo hiciste, no yo. Y no te guardo rencor por ello. Yo jugué al mismo juego. Eso es todo.

CARMEN.—¿Y qué vamos a hacer?

ISABEL.—Me imagino que seguir viviendo, y no ponernos melodramáticas. Se trata sólo de ser tan comprensivos cuando los otros nos engañan como lo somos cuando los que engañamos somos nosotros. Yo quiero a mi marido y al tuyo, de forma diferente a cada uno, y me he dado cuenta que puedo estar así perfectamente con los dos... como tú estabas antes.

CARMEN.—¿Y yo? ¿Qué voy a hacer ahora yo?

ISABEL.—Como dice Clark Gable en el final de *Lo que el viento se llevó:* «Francamente, querida... eso ya no me importa». Y perdona, me tengo que ir. Tengo hora en la peluquería. *(Se levanta).* Encantada. *(Le da un beso protocolario, coge su revista «Vogue»,* y *se aleja).*

OSCURO.

3 **guardar rencor a up** jmd grollen – 7 **comprensivo** → comprender – 8 **engañar** mentir, tener una relación fuera de la pareja – 10 **darse cuenta de uc** *loc* notar, ver (merken) – 14 **Clark Gable** (1901-1960) actor americano – 14 ***Lo que el viento se llevó*** película famosa de 1939 (*Vom Winde verweht*) – 19 **oscuro** ≠ claro (final de la obra)

Francisco García Pavón

El hijo de madre

Ocurrió el primer día de aquel curso, que fue el último del Colegio de la Reina Madre, porque al año siguiente pusieron el Instituto.

Don Bartolomé, después de repartirnos los libros flamantes que llegaron de Ciudad Real en un cajón grande, nos ordenó que nos estudiásemos la primera lección de todos los textos.

En el «estudio» había un gran silencio. Nos distraíamos en manosear los nuevos manuales, en ver las figuras, en forrarlos, en poner nuestro nombre.

Don Bartolomé, luego de repasar las facturas de la librería con su hija, mandó sacar el cajón a los mayores y se puso a leer el ABC a la luz otoñal que regalaba la ventana.

De pronto se abrió la puerta del salón y Gabriela, la criada, gritó sin entrar:

—Ahí está una mujer que viene a poner a su hijo al colegio. ¿Entra?

Don Bartolomé dijo que sí con la cabeza, y con el ABC suspendido, quedó mirando hacia la puerta.

Apareció una mujer atemorizada, muy rubia, algo entrada en carnes. Llevaba un niño de la mano, como de doce o trece años.

—Pase, señora— dijo don Bartolomé poniéndose en pie.

3 **ocurrir** pasar, suceder – 4 **Colegio de la Reina Madre** actualmente Colegio de Santo Tomás de Villanueva, antiguo convento de San Francisco – 6 **repartir** distribuir (verteilen) – 6 **flamante** nuevo – 7 **Ciudad Real** ciudad de Castilla la Mancha – 7 **un cajón** caja en una mesa para meter uc (Schublade) – 9 **distraerse** perder el tiempo, ≠ concentrarse – 10 **manosear** tocar mucho (→ mano) – 10 **forrar** proteger uc con *p ej* un plástico – 12 **repasar** controlar, mirar uc otra vez – 13 **mandar** ordenar, decir lo que up tiene que hacer – 15 **una criada** up que ayuda en las tareas de la casa – 17 **poner** *aquí:* inscribir, registrar a up – 20 **suspendido** parado, detenido – 21 **atemorizado** con mucho miedo – 21 **entrado en carnes** gordo

Cruzó todo el salón, muy seria, con la cabeza rígida, mirando hacia el frente. Al saludar a don Bartolomé, hizo así como una inclinación.

La hizo sentar junto a sí. El niño quedó en pie mirando hacia todos nosotros con sus ojos casi traslúcidos.

Ella empezó a hablar en voz muy bajita, casi al oído de don Bartolomé. (Uno de los mayores se ponía las manos en la boca para que no se le oyese reír).

De todas formas, como el silencio era muy grande, ella cada vez hablaba en voz más queda.

—Diga, diga, señora.

Don Bartolomé se hacía pantalla en la oreja para oír mejor.

Luego se cortó la conversación. El profesor quedó pensativo, con la mejilla descansando en la mano. Ella lo miraba inmóvil, con las manos tímidamente enlazadas, diríase que suplicantes.

Don Bartolomé se rascó una oreja y, casi de reojo, echó una ojeada por todo el salón, especialmente dirigida a los mayores, que seguían riendo y cuchicheando entre sí.

Don Bartolomé, luego, levantó la cabeza hacia el techo, así como rezando, y, a poco, volvió a la conversación en voz muy baja.

Al cabo de un ratito más, ella sonrió, con los ojos casi llorosos. Abrió el monedero, sacó unos cuantos duros de plata y los dejó sobre la mesa. Don Bartolomé le extendió un recibo y se guardó los duros en el bolsillo del chaleco.

2 **hacia el frente** hacia delante – 3 **una inclinación** reverencia, respeto – 5 **traslúcido** transparente – 10 **quedo** bajo, que casi no se oye – 12 **hacer pantalla** poner la mano en la oreja para oír mejor – 14 **pensativo** → pensar – 15 **tímido** schüchtern – 15 **enlazado** unido, cruzado – 16 **suplicante** que pide uc con fuerza – 17 **rascarse** tocarse la piel con los dedos y moverlos – 17 **de reojo** *loc* disimulando al mirar, mirando sin mover la cabeza – 17 **echar una ojeada** mirar uc rápidamente – 19 **cuchichear** decir uc bajo para no ser comprendido por otros – 21 **rezar** hablar o pedir uc a Dios (beten) – 23 **al cabo de** después de – 24 **un monedero** bolsa o similar para guardar dinero – 25 **extender** poner uc por escrito – 25 **un recibo** factura – 26 **un chaleco** chaqueta o jersey sin brazos

Se pusieron en pie. Don Bartolomé acarició la cabeza dorada del niño y le dijo que se sentase en un pupitre vacío que había junto a su mesa. La señora dio un beso al hijo, que se sentó en el pupitre cruzando los brazos sobre la tabla.

Don Bartolomé acompañó a la mujer, que iba sonriente, hasta la puerta del estudio. Se atrevió a mirar a los mayores y todo. Uno le sacó la lengua.

Como a la madre le llamaban la Liliana, al hijo le dijimos Lilianín ... Su cabeza era como la de un angelote de madera antigua, policromada, un poco desvaídos los colores. Miraba con sus ojos azules muy fijamente, sin pestañear, al tiempo que sonreía casi mecánico, como si cuanto oyese fuese benigno y paternal. A lo que se le preguntaba contestaba en seguida, sin titubeos ni disimulos. Hasta cuando estudiaba álgebra sonreía angélico. Y decía las lecciones más obtusas con aquel aire sensitivo.

Durante los primeros días nadie le dijo cosa mayor de su madre. Pero tenía que llegar, porque en seguida, hasta los mocosos, nos enteramos de que «alternaba» en casa del Ciego. Y allí vivía con ella, y en su mismo cuarto, Lilianín.

Él, si sabía sus males, lo disimulaba o le parecían naturales, porque no tenía reparo en acercarse a todos, en entrar en conversación, en jugar a todas las cosas. Pero nosotros lo mirábamos como si fuera un ser de otra raza.

Nadie lo culpaba de estar entre nosotros, hijos de madre y padre. Las culpas eran para don Bartolomé, «que, por su

1 **acariciar** pasar la mano suavemente sobre uc – 1 **dorado** *aquí:* rubio – 2 **un pupitre** mesa de un aula – 4 **una tabla** *de una mesa* madera sobre la que se escribe – 6 **atreverse** tener el valor para hacer uc – 9 **un angelote** figura de ángel gordito – 10 **policromado** con varios colores uno sobre otro – 10 **desvaído** que ha perdido el brillo o color – 11 **fijo** sin quitar la mirada – 11 **pestañear** abrir y cerrrar los ojos – 12 **benigno** bueno, positivo – 13 **paternal** → padre – 14 **un titubeo** duda – 14 **el disimulo** → disimular – 15 **obtuso** difícil de comprender – 19 **un mocoso** *despect* niño – 19 **alternar** tratar con clientes, *p ej* de un bar, para que consuman – 19 **un ciego** up que no ve *aquí: apodo* (Spitzname) del propietario – 21 **un mal** tristeza, problema, pena – 22 **el reparo** duda, dificultad, problema – 25 **culpar a up** beschuldigen

avaricia, un día iba a admitir en el colegio al Tonto de la Borrucha», como dijo uno.

El Coleóptero, con su sonrisa de bruja joven, gustaba de hacerle preguntas con retranca, que Lilianín respondía abiertamente. Él fue el primero en informarnos de que Lilianín «lo contaba todo». («Vivía la vida lupanaria en toda su intensidad ... Está al cabo de la calle del comercio de la carne ... con esa sonrisa inocente. Sabe el oficio de su madre y le parece corriente. Este niño es completamente irreflexivo. Me ha dicho hoy ...»).

Tanto bando puso el Coleóptero, que a todos nos entraron grandes ganas de preguntarle ... Y un día, a la hora del recreo de la mañana, se formó un gran corro en el rincón del patio. Y no sé por qué, todos los del corro estábamos en cuclillas o sentados en el suelo menos Lilianín, que, en el centro, estaba en pie. Nos miraba sonriendo, como siempre, con sus ojos espejeantes y limpísimos de toda reserva. Cada cual le hacía una pregunta en voz media, que él, en contraste, respondía a toda voz, como si dijera la lección, con orgullo:

—¿Y pasan muchos hombres al cuarto de tu mamá?

—Sí, muchos. Sobre todo por la noche.

—¿Y qué hacen?

—No sé. Se desnudan.

—¿... y luego?

—No sé. Yo me duermo.

—¿Y tu mamá qué les dice?

1 **la avaricia** ambición de tener mucho *p ej* dinero – 1 **admitir** dejar entrar – 1 **el Tonto de la Borrucha** el tonto del pueblo – 3 **el Coleóptero** insecto, *aquí:* apodo del chico – 3 **una bruja** Hexe – 4 **la retranca** intención dismulada (mit Hintergedanken) – 6 **lupanario** vicioso, de prostitución – 7 **estar al cabo de la calle** *loc coloq* estar bien informado – 7 **la carne** cuerpo, sexo – 8 **un oficio** profesión – 9 **corriente** normal, habitual – 9 **irreflexivo** que no piensa – 11 **un bando** proclamación de información – 11 **entrar ganas de uc** empezar a tener ganas de uc – 12 **un recreo** pausa entre clases – 13 **un corro** círculo – 13 **un rincón** esquina, pequeño espacio en un lugar – 14 **en cuclillas** *loc* in Hockstellung – 17 **espejeante** transparente, brillante (→ espejo) – 17 *estar* **limpio de toda reserva** *loc* ser abierto, franco, confiado – 23 **desnudarse** quitarse la ropa, desvestirse

—Les habla de mí y de mi papá, que fue un novio que tuvo y nos dejó, y por eso ella vive sola conmigo.

—¿Y le pagan?

—Sí. Le dan mucho dinero.

Cada vez las preguntas eran más recias. Pero él sonreía igual.

Por fin, uno moreno, de muy mal genio, que luego lo mataron en la guerra, dijo mirándole a los ojos con cara de perro:

—Tu mamá lo que es es una puta.

Lilianín, riendo un poquito menos, movió la cabeza como diciendo que no, y luego, en voz más baja:

—Mi mamá es mi mamá y nada más.

Se hizo un silencio muy grande de reproche al chico moreno, y por encima de todas las cabezas, la sonrisa de Lilianín.

Se oyó la voz de don Bartolomé desde la otra punta:

—¡Niños, a clase!

Fuimos callados, cada cual por su lado. Lilianín delante de todos. Don Bartolomé, que olfateó algo, le echó la mano sobre el hombro.

—¿Estás contento?

—Sí, señor.

—¿Se portan bien los compañeros contigo?

—Conmigo, sí, señor ... Con mi mamá, no.

Don Bartolomé se volvió a todos, como si fuese a hablarnos. Con los ojos muy tristes nos miró con calma. Creí que iba a llorar. Estuvo a punto de despegar los labios, pero luego hizo un gesto como de arrepentirse.

Volvió a poner la mano en el hombro de Lilianín, y entramos en el salón de estudio.

5 **recio** duro, difícil de soportar – 6 **el genio** *aquí:* humor – 7 **con cara de perro** *coloq* enfadado – 8 **una puta** *vulg* prostituta – 12 **un reproche** censura, crítica – 14 **una punta** extremo – 17 **olfatear** oler *aquí:* darse cuenta, notar – 17 **echar** *aquí:* poner – 18 **un hombro** Schulter – 21 **portarse** actuar, tratar – 24 **con calma** despacio – 25 **despegar** abrir, separar uc unida – 26 **arrepentirse** cambiar de opinión

Cada cual ocupó su puesto. Don Bartolomé tomó su viejo libro de geografía y empezó a leer junto a la estufa. Lilianín, en el pupitre más próximo a él, se aprendía las lecciones de memoria, mirando al techo y moviendo mucho los labios.

Nunca hubo mayor silencio en el estudio de don Bartolomé.

1 **cual** uno, persona – 1 **un puesto** posición, lugar – 2 **una estufa** calefacción – 3 **de memoria** *loc* sin comprender, repetitivamente

Javier Tomeo

L@s autor@s y sus obras

Javier Tomeo

(Quicena, Huesca, 1932–2013)

Se licenció en Derecho y Criminología en la Universidad de Barcelona. Si bien siempre fue un escritor respetado por la crítica, su verdadera consagración llegó a través de las adaptaciones teatrales de sus títulos narrativos, que se iniciaron con el montaje de *Amado monstruo* en el Theatre de la Colline de París en 1989, la cual tuvo un gran éxito de público y de crítica en Europa. A estos le siguieron diversos montajes en el resto de Europa y en España: la versión española de *Amado monstruo* se estrenó algunos meses después en Zaragoza e Yvon Chaix estrenó *El cazador de leones* con el título *Le chasseur de lions*, Grenoble, 1990. La versión española fue dirigida en 1993 por Jean-Jacques Préau. También se adaptaron con rotundo éxito *Historias mínimas, El castillo de la carta cifrada* (estrenada primero en Colonia, 1993 y cuatro años después en París por la Comedie Fraçaise), *Diálogo en re menor* (primero en Alemania, y en español en 1996) y *Los misterios de la ópera* (1999). El Centro Dramático de Aragón montó *La agonía de Proserpina* en 2003.

Sus ficciones parten siempre de situaciones extremas que van desarrollándose, en un proceso que busca subrayar los absurdos de la realidad cotidiana y la incoherencia de la organización social. Su visión de la condición humana es, pues, dramática y existencial, pero también muy lírica y humorística.

Paloma Pedrero

Paloma Pedrero

(Madrid, 1957)

Paloma Pedrero Díaz-Caneja nació en Madrid el 3 de julio de 1957. Cuando tenía 14 años comenzó su carrera como actriz en obras de teatro de un colegio masculino. Mientras cursaba estudios de Sociología en la Universidad de Madrid, estudiaba arte dramático con profesores de la talla de Zulema Katz o Alberto Wainer.

De 1978 a 1981 coescribía e interpretaba obras en la compañía Cachivache, principalmente en el campo infantil y de teatro experimental.

Durante la transición en España, Pedrero urgió a su exmarido, el dramaturgo Fermín Cabal, a que escribiese un teatro social, lo que llevó a la autora a escribir *Imagen doble* en 1984, que al año siguiente se estrenaría, revisada, como *Besos de lobo.*

En 1984 *La llamada de Lauren,* obra en un acto, queda finalista del Premio de Teatro Breve de Valladolid, al año siguiente se estrena en Madrid una versión ampliada y es a partir de ese éxito cuando comenzó a dedicarse de lleno a escribir y dirigir. Obtuvo el Premio Tirso de Molina en 1987 con *Invierno de luna alegre.*

Su teatro ha sido traducido a varios idiomas y estrenado en varios paises de Hispanoamérica y Europa.

Es actriz, directora y autora, tanto en el cine como en el teatro y la televisión. Sus obras han sido traducidas y publicadas en inglés, francés, alemán, italiano, portugués, polaco. Obras (selección): *Imagen doble* (1984, teatro). *La reina del mate* (1985, guión de cine); *El jardín japonés* (1986, guión de cine); *Besos de lobo* e *Invierno de luna alegre* (1987, teatro); *El color de agosto* y *La noche dividida* (1989, teatro); *Noches de amor efímero* (1991, teatro; ganadora del Premio a la Mejor Autoría 1994); *Fragmentos de tormenta* (1992, poesía); *El pasamanos* (1995, teatro); *En el túnel un pájaro* (1997, teatro); *Juego de noches* (1999, teatro).

José Alonso de Santos

José Alonso de Santos

(Valladolid, 1942)

Dramaturgo y director de escena español. Profesor de interpretación y catedrático de la RESAD (Real Escuela Superior de Arte Dramático), ha recibido diversos premios a lo largo de su carrera como dramaturgo. Licenciado en Ciencias de la Información y en Filosofía y Letras, comenzó su carrera teatral en 1964 en grupos de teatro independiente como el TEM, Tábano, TEI y Teatro Libre, en los que trabajó como actor, director y dramaturgo.

Autor especialmente dotado para la comedia, en su producción destacan obras como: *Viva el Duque nuestro dueño* (1975), *El combate de Don Carnal y Doña Cuaresma* (premio "Teatro Aguilar" en 1980), *La verdadera y singular historia de la Princesa y el Dragón* (1981), *El álbum familiar* (1984), *La estanquera de Vallecas* (Premio "Gayo Vallecano" en 1981), *Bajarse al moro* (premio "Tirso de Molina" en 1984 y "Mejor obra teatral temporada 84-85"), *Fuera de quicio* (1987), *La última Pirueta* (1987), *Pares y Nines* (1988) o *Vis a vis en Hawai* (1992). También ha escrito ensayos relacionados con el mundo del teatro, como el titulado *La escritura dramática* (1998).

En junio de 2000 fue nombrado director de la Compañía Nacional de Teatro Clásico (CNTC), en sustitución de Andrés Amorós, que ocupó la plaza de director general del Instituto Nacional de las Artes Escénicas y de la Música (INAEM).

Francisco García Pavón

Francisco García Pavón

(Tomelloso, Ciudad Real, 1919 – Madrid, 1989)

Francisco García Pavón fue un escritor, ensayista y crítico teatral que se hizo muy famoso para el público lector por las novelas protagonizada por el detective Plinio, jefe de la Policía Local de Tomelloso. Se doctoró en Filosofía y Letras por la Universidad de Madrid con una tesis sobre Leopoldo Alas Clarín como escritor. Posteriormente, fue profesor de la Escuela de Arte Dramático de la misma ciudad.

Su primera novela, *Cerca de Oviedo*, quedó finalista para el Premio Nadal de 1945 (que ganaría finalmente en 1969 por *Las Hermanas Coloradas*). En ella realiza una sátira del ambiente de una ciudad provinciana con un humor que se puede situar dentro de la tradición clásica de Quevedo y Cervantes. En la serie de novelas policiacas en las que aparece el personaje de Plinio profundizará en ese lado costumbrista y de crítica social —bajo los límites impuestos por la censura franquista— ocupando un lugar especial en la novela negra española.

Algunos de los títulos con Plinio y el ambiente manchego como trasfondo son *El reinado de Witiza* (1967), *El rapto de las Sabinas (*Premio Nacional de la Crítica, 1968) *Las hermanas Coloradas* (1969), sobre la ocultación de un perseguido político en la posguerra que siguió a la guerra civil española, *Una semana de lluvia* (1970), *Otra vez domingo* (1978) y *El hospital de los dormidos* (1981). También aparecieron relatos como *Historias de Plinio* (1968), *Nuevas Historias de Plinio* (1970) y *El caso mudo* (1980). La adaptación televisiva con algunas de las aventuras del personaje que se realizó en 1972 también ayudó a la difusión de sus historias.

Se le considera uno de los maestros del relato en su época junto a Ignacio Aldecoa. Recogió algunos de ellos en los títulos *Cuentos de mamá* (1952), *Cuentos republicanos* (1961), *Los liberales* (1965), *Los nacionales* (1977) y *El tren que no conduce nadie* (1979). En ellos muestra una enorme atención al detalle y gran preocupación por las injusticias y mentiras sociales. Consiguió reconocimientos por sus trabajos en este género con premios de *El Correo Literario, Meridiano* o la revista *Ínsula*. Con *La guerra de los dos mil años* (1967), por otro lado, realizó un acercamiento al género de la ciencia ficción.

Abreviaturas y símbolos

adj	=	Adjektiv, adjetivo
adv	=	adverbio
aquí:	=	señala un significado específico de la palabra en el contexto
aum	=	aumentativo
coloq	=	coloquial
cul	=	cultismo (bildungssprachlich)
despect	=	despectivo
dim	=	diminutivo
Esp	=	peninsularismo, término o expresión del español de la Península Ibérica
etc	=	etcétera
etw	=	etwas
f	=	femenino
fam	=	lenguaje familiar
fig	=	lenguaje figurativo
form	=	lenguaje formal
gal	=	gallego
GER	=	gerundio
INF	=	infinitivo
interj	=	interjección
iron	=	irónico
jmd	=	jemand
lit	=	literario
loc	=	locución, giro idiomático
m	=	masculino
p ej	=	por ejemplo
pl	=	plural
s	=	singular
SUST	=	sustantivo
sup	=	superlativo
uc	=	una cosa, algo
up	=	una persona, alguien
vulg	=	expresión vulgar
≠	=	contrario de
→	=	remite a una palabra ya conocida